AF145017

Das kurze glückliche Leben der Weihnachtsbäume

Das kurze glückliche Leben der
Weihnachtsbäume

Ein Weihnachtsmärchen von
Bernd Karl Stammler

Bibliografische Information der Deutschen Nationalbibliothek
Die Deutsche Nationalbibliothek verzeichnet diese Publikation
in der Deutschen Nationalbibliografie; detaillierte bibliografische
Daten sind im Internet über http://dnb.d-nb.de abrufbar.

© 2014 Bernd Karl Stammler
Titelbild und Illustrationen Ulrike Weber
Umschlagdesign, Satz, Herstellung und Verlag:
BoD - Books on Demand

ISBN 978-3-7357-0980-6

Als „Fachbaum für das heilige Fest" – so meine offizielle Berufs-
bezeichnung – wusste ich, dass die Verwendung als prächtig
geschmückter Weihnachtsbaum zeitlich begrenzt war. Als per-
fekter Christbaum wuchs ich in voller Kenntnis dieser natürlichen
Beschränkung nur für „meine" Weihnacht. Wofür denn sonst?!
Trotzdem ging mir ein Schauer durch Stamm und Äste, als meine
Menschen nach dem „Dreikönigstag" feststellten, dass die Zeit für
Bäume wie mich nunmehr vorbei war. Ich wäre gerne noch ein
Weilchen geblieben. Doch der Moment des Abschieds war nun da.

Im Handumdrehen war mein glitzernder Schmuck entfernt und ich stand nackt, Tanne „grün – pur", in der gemütlichen Wohnstube. Zwar noch immer aufrecht, so wie vor ein paar Wochen im Forst, aber durch die Wärme im Weihnachtszimmer doch deutlich gealtert.

Aus Protest knisterte ich hörbar mit meinen trocken gewordenen Nadeln, von denen einige erregt auf den Fußboden sprangen. Mein „Baummeister", der mich phantasievoll und ausdauernd geschmückt hatte, tröstete mich leise:

„Ich werde dich und deinen würzigen Tannenduft vermissen!"

Ein lieber und gescheiter Mensch! Ich mochte ihn, seit er mich spontan und ohne lange zu handeln gekauft hatte. Auch wusste er Bescheid über das besondere Geheimnis der Weihnachtsbäume und dass wir völlig anders waren als all die anderen, die „normalen" Bäume draußen in der Natur. Wir waren nämlich die auserwählten Beobachter und sensiblen Zuhörer in dieser ganz besonderen Zeit!

Er dankte mir für meinen stimmungsvollen Einsatz und erklärte:

„Ich bringe dich jetzt zur Sammelstelle für Christbäume im Ruhestand. Da triffst du viele Freunde aus verschiedenen Wäldern und Baumkulturen."

Behutsam trug er mich zu dem Platz und legte mich sanft neben eine aparte Blaufichte. Die summte, natürlich nur für Weihnachtsbäume hörbar, leise unser Lied: „Oh Tannenbaum, oh Tannenbaum …!"

Wegen der frühzeitigen „Verbannung" aus meinem Haus war ich schlechter Laune und brummte:

„Hör sofort auf mit diesem verlogenen Lied, ich will es nicht mehr hören."

Sie verstummte augenblicklich und begann daraufhin aber jämmerlich zu weinen.

Ich versuchte sie zu trösten:

„Sei doch froh, dass der verlogene Zauber endlich vorbei ist!"

Mein „supercooler" Ausspruch löste bei ihr einen schlimmen Weinkrampf aus! Schluchzend erklärte sie mir, dass sie eine wundervolle Weihnachtszeit begleiten durfte. Eine Zeit voll märchenhaftem Zauber und keinesfalls verlogen!

Unaufgefordert begann sie zu erzählen:

„Mein Weihnachtstraum begann eigentlich schon auf dem Verkaufsplatz, direkt vor dem großen Einkaufszentrum. Unsortiert standen wir Bäume an einen Gartenzaun gelehnt: Nordmanntannen so wie du, Blaufichten wie ich, Schwarzkiefern und eine kleine unscheinbare Rottanne. Wir schauten voller Vorfreude auf die Menschen, die uns neugierig und kritisch von allen Seiten betrachteten. Auch gab es Leute, die an jedem Baum etwas auszusetzen hatten und schimpfend weitergingen. Dann kam eine Familie, die sich nicht einig war, wie ihr Weihnachtsbaum aussehen sollte. Die Kinder verlangten schreiend nach einem großen Baum: Vom Boden bis zur Zimmerdecke sollte er sich strecken. Der Vater dagegen, ein mürrischer Geselle, wollte überhaupt kein ‚unnützes Gestrüppe' in seinem Haus. Die Mutter indes warb vermittelnd mit leiser Stimme für die zierliche Rottanne, ‚die auf Großmutters altem Schränkchen aufgestellt, nur wenig Platz beanspruchen würde'.

Sie war wohl zu leise, denn ohne Baum zogen sie streitend weiter.

Dann stand eine etwa zwanzigjährige junge Frau vor mir und schaute mich mit glänzenden Augen an. Ich spürte sofort, dass

der Kauf eines Weihnachtsbaumes für sie ein besonderes Ereignis war. Warum auch immer! Sie konnte sich von meinem Anblick nicht mehr lösen, was mich allerdings nicht wunderte. War ich doch mit Abstand die hübscheste Blaufichte auf dem Platz, und das wusste

auch der Verkäufer. Er hob mich an meiner Krone hoch und präsentierte mich der Frau.

‚Nur zehn Euro und das Bäumchen gehört Ihnen. Es ist nicht zu groß und auch makellos gewachsen, gerade richtig, oder? Wo würden Sie es denn hinstellen?', fragte er geschäftig.

‚Meine Zweizimmerwohnung ist zu klein für den Baum', antwortete sie. ‚Aber ich habe einen Balkon, auf dem die Fichte ausreichend Platz hat.'

‚Das ist es', jubelte der Verkäufer, ‚denn die Blaufichte ist genau der richtige Baum für den Außenbereich! Was für einen Baum hatten Sie denn zuletzt?'

Sie schaute ihn traurig an und erklärte leise:

‚Es ist das erste Mal, dass ich mir selbst einen Weihnachtsbaum kaufe. Bis zum letzten Jahr feierte ich das Fest immer zusammen mit meinen Eltern. Den Baum suchten sie stets gemeinsam aus. Es war dann aber das Vorrecht meines Vaters, ihn aufwendig und liebevoll zu schmücken. Meine Mutter hatte zwar stets etwas an seiner ‚Kunst' auszusetzen, aber das war nie böse gemeint und gehörte zu ihrem vorweihnachtlichen Ritual. – Im April sind meine Eltern bei einem Autounfall ums Leben gekommen. Deshalb bin

ich zum ersten Mal an Weihnachten allein. Aber einen Baum muss ich haben! Das bin ich ihrem Andenken und meinen Erinnerungen schuldig!'

Sie schwieg und ihre Augen füllten sich mit Tränen.

Der Händler hatte ihr betroffen zugehört. Der lautstarke Verkaufslärm war kaum mehr wahrzunehmen. Ja, der ganze Platz schien plötzlich wie in dämmende Watte gehüllt!

Ich war tief bewegt und dicke Harztränen tropften von meinen Zweigen. Ich wünschte mir, mit diesem traurigen Mädchen Weihnachten zu feiern.

Spontan hielt mich der Verkäufer der Frau hin und sagte mit rauer Stimme:

‚Bitte machen Sie mir die Freude und nehmen Sie das Bäumchen als Geschenk von mir. Erleben Sie mit ihm trotz ihrer Traurigkeit gesegnete Weihnachten.'

Erstaunt stellte ich fest, dass auch Männer spontan und gefühlvoll handeln können! Ich war richtig stolz auf meinen ‚Baummeister'! –

Es war eine gemütliche Wohnung, in die sie mich trug. Ich bekam einen aussichtsreichen Platz auf ihrem Balkon, direkt neben der Tür.

Schon am nächsten Tag schmückte sie mich sorgfältig mit roten Wachskerzen und selbst gebastelten Strohsternen. Ich fühlte mich so richtig wohl in meinem Weihnachtskleid.

Dann war Heiliger Abend. Den ganzen Tag schon war sie in nachdenklicher, melancholischer Stimmung. Immer wieder setzte sie sich in den kleinen Sessel neben der Balkontür und schaute zu mir hinaus.

Am Abend dann, als der göttliche Zeremonienmeister Millionen Sterne am unendlichen Himmelsgewölbe zum Glitzern brachte, zündete sie mit zitternden Händen die roten Kerzen an. Es war windstill und sehr kalt. Fröstelnd zog sie sich in das Zimmer zurück und verkroch sich in dem mit kuscheligen Decken ausgelegten Sessel.

Selbstvergessen blickte sie zu mir und träumte sich in die Weihnachtsabende mit ihren Eltern zurück. Wie festlich diese doch waren, mit ihren liebevollen Bräuchen. So durfte nach dem traditionellen Festessen der Tisch erst verlassen werden, nachdem jeder seine Tischkerze ausgeblasen hatte. Stieg der Rauch der verlöschenden Kerze senkrecht nach oben, dann war das Leben dieses Menschen bis zum nächsten Weihnachtsfest sicher in Gottes Hand.

Verkroch sich der Rauch jedoch seitlich von der nur noch glimmenden Kerze, löste dies sorgenvolle Blicke aus. Denn das bedeutete nach der Überlieferung, dass diesem Menschen im folgenden Jahr Gefahren für Leib und Seele drohten.

Plötzlich lachte die junge Frau. Es war ihr eingefallen, wie unruhig ihr Vater bei diesem Zeremoniell stets am Tisch saß, und das Erlöschen der letzten Kerze sehnsüchtig erwartete. Seine Weihnachtszigarre im Duett mit einem alten Weinbrand warteten! Ein vorzeitiges Verlassen der ‚Tafelrunde' war jedoch undenkbar! Da war Mutter unerbittlich! –

Das Mädchen lebte an diesem Heiligen Abend in den Erinnerungen an Weihnachtsabende voller Harmonie und Wärme.

Der in ihnen enthaltene ewige Reichtum entstieg ihrem Gedächtnis

in bunten, verheißungsvollen Bildern. Sie bewirkten trotz der Sehnsucht nach dem Vergangenen tiefen inneren Frieden. Ja, auch eine heitere Gelöstheit. Lenkten ihren Blick behutsam und hoffnungsvoll in die Zukunft! –

,Wie wichtig sind doch schöne Erinnerungen', dachte ich auf meinem luftigen Balkonausguck. Als ich dann zu den funkelnden Sternen hinaufschaute, war ich mir absolut sicher, zwei besonders hell blinkende Sterne zu sehen! –

Verstehst du jetzt, warum mich meine Weihnachtszeit besonders glücklich gemacht hat?" –

Die Geschichte der kleinen Blaufichte hatte die Versammlung der verdienten, dabei aber leider nadellos gewordenen Weihnachtsbäume tief beeindruckt. Es waren nicht wenige, die gerührt mit ihren Zweigen wedelten oder achtungsvoll ihre meist gestutzten Spitzen neigten.

„Sei mir nicht böse wegen meiner ruppigen Bemerkung vorhin", brummte die Nordmanntanne, „wenn es dir Freude macht, dann singe dein Lied so lange du willst. Wir hatten alle eine schöne Weihnachtszeit. Ich glaube aber, dass sich deine besondere Erfahrung aus unseren Erlebnissen hervorhebt."

Es kommt nicht häufig vor, dass ein Weihnachtsbaum einen einsamen und traurigen Menschen durch den wundersamen Zauber der Heiligen Nacht in diesem Umfang tröstend begleiten darf. Oder vielleicht doch …?

Der sich nun anschließende intensive Erfahrungsaustausch der versammelten Nordmanntannen, Blaufichten und Schwarzkiefern durfte auf ihren ausdrücklichen Wunsch hin weder protokolliert und schon gar nicht kommentiert werden.

Denn die zart gewobene Poesie der „Heiligen Zeit" und mit ihr auch das besondere Geheimnis von dem kurzen glücklichen Leben der Weihnachtsbäume bedürfen keiner Erklärung! Sie ist zeitlos und wird immer fortbestehen!